É POR AQUI QUE VAI PRA LÁ

Viagens por um ano sabático

CAIO CASTRO

É POR aqui que vai PRA lá

Viagens por um ano sabático

Caio Castro

GLOBO estilo

ATM

“Um homem precisa viajar para lugares que não conhece para quebrar essa arrogância que nos faz ver o mundo como o imaginamos, e não simplesmente como é ou pode ser. Que nos faz professores e doutores do que não vimos, quando deveríamos ser alunos, e simplesmente ir ver.”

Amyr Klink

SUMÁRIO

COMO TUDO COMEÇOU

AQUECIMENTO

O JAPÃO

FRANÇA: CINEMA, CERVEJA E MUSEU

PORTUGAL: ROCK IN RIO E A FAMÍLIA

ESTADOS UNIDOS DE NOVO, SNOWBOARD E O MICKEY

Brasil meio louco

Vegas, Califórnia e uma história de amor

Punta del Leste e a viagem das festas

Viagens familiares

A viagem final

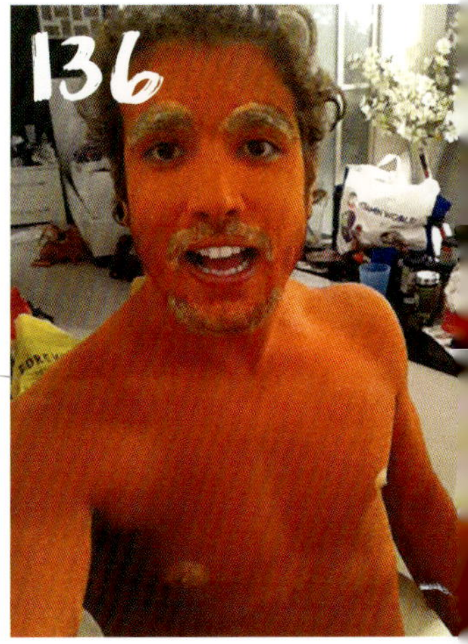

Lições e aprendizado

Agradecimentos

COMO TUDO COMEÇOU

Sempre tive uma vida normal. Nasci numa família de classe média em São Paulo, fui pra escola como todo mundo, ia para a Praia Grande nas férias, adorava jogar bola e, como boa parte dos meninos do Brasil, sonhava em ser jogador de futebol. Aos catorze anos comecei a trabalhar todas as tardes em um restaurante de um amigo do meu pai, para ajudar a família e também para aprender a ter responsabilidade. Trabalhei ainda como office boy, ajudei meu pai em sua vidraçaria e depois entrei em uma empresa de eventos, no setor de montagem. À noite eu fazia um curso de informática. Até os dezessete anos, essa foi minha rotina.

Quando fiz a inscrição para entrar em **Malhação**, eu ainda não sabia que minha vida iria mudar para sempre...

Aos dezoito anos, eu estava entrando naquela fase de escolher que faculdade faria. Eu pensava em Educação Física porque gostava de esportes, mas ainda trabalhava na empresa de eventos, saía com os amigos e via muita TV. Foi quando rolou o concurso do Casal Malhação 2008 no programa do Luciano Huck. Eu adorava o seriado e pensei: "Por que não me inscrever? Tem um monte de gente jovem, várias gatinhas, seria legal pacas".

Eu não conhecia ninguém que fazia TV, nunca tinha pensado em ser ator, não tinha nenhuma ligação com esse mundo, mas algumas semanas depois ligaram para meu pai dizendo que eu tinha sido selecionado. Eu tinha que ir pro Rio, e fui sozinho. Peguei metrô até a rodoviária, e então o ônibus pro Rio. Não conhecia a cidade nem ninguém lá. Perguntei como ia pro Projac, peguei um ônibus, desci perto, mas não achava. Perguntei pra uns caras que me disseram que iam pra mesma direção, pegamos um táxi juntos, desci, não achei, peguei outro táxi e finalmente consegui chegar.

No primeiro dia, começamos às nove horas da manhã e saí depois das oito da noite. Então foram mais quase dois meses de testes, até eu ganhar o concurso e ser escolhido para *Malhação*.

No final, em vez de um casal, acabaram escolhendo eu e outro cara. Vi ali a chance de fazer algo que, no futuro, garantisse uma boa vida para meus pais e para mim também, para poder pagar as contas, ter tranquilidade, viajar.

A partir daí me mudei pro Rio, sozinho, sem conhecer ninguém, mas querendo muito fazer dar certo. O primeiro ano foi complicado. Era muita informação de trabalho e de vida. Eu fui convidado a brincar de adulto. A responsabilidade era só minha. Me esforcei muito, só trabalhava e estudava, e com isso fiquei três anos na *Malhação*. Fui seguindo as oportunidades que iam aparecendo, cumprindo os compromissos que se apresentavam e as coisas foram dando certo.

Fiquei cinco anos trabalhando sem parar. Sem férias, quase sem folgas, ralando todos os dias. Veio novela, comerciais, reconhecimento na rua, cobranças, início de uma estabilidade financeira, certezas e dúvidas. Eu trabalhava praticamente vinte e quatro horas, pois

Passei muito tempo trabalhando sem parar. Depois de um tempo, eu comecei a sentir muita falta da minha família e dos meus amigos.

Decidi que precisava
de um ano sabático, longe de tudo,
para colocar a cabeça no lugar.

a qualquer momento eu ouvia: "Caio, tira uma foto?", "Caio, como está a novela?", "Caio, grava um vídeo pra minha sobrinha?". Eu tinha que ser atencioso, acho superimportante atender a todo mundo, mas era folga zero, saca?

Eu estava saturado. Perdido. Não sabia que dia da semana era. Não sabia se conseguiria passar o Ano-Novo com a minha família. Tinha que dar atenção pra um monte de gente que não sabia quem era. Não conseguia ver meus amigos. Chegou um ponto em que eu estava cansado. Muito cansado.

Eu precisava de um tempo. Uma folga. Fugir de tudo. Precisava refletir, me conhecer melhor. Decidi que iria tirar um ano de férias e que iria morar fora. Soube que o amigo de um amigo procurava alguém pra dividir um apê em Washington, e na hora soube que era pra lá que eu deveria ir.

Vi ali a CHANCE
de fazer algo que,
NO FUTURO,
garantisse uma boa
VIDA para meus

PAIS e para mim também, PARA PODER PAGAR AS CONTAS, ter tranquilidade, VIAJAR.

Aquecimento

A pré-viagem para Fernando de Noronha

Uma semana antes de ir para Washington, decidi ir para Fernando de Noronha, um lugar que sempre quis conhecer. Ia ficar três dias e queria surfar, descansar e fazer um curso de mergulho, mas para me credenciar como mergulhador eu descobri que precisava de mais tempo, pelo menos cinco dias.

BATMAN

Foi em Fernando de Noronha que me tornei mergulhador. É uma experiência muito louca!

Lá encontrei um brother e ele me disse pra eu estender a viagem, porque em alguns dias era feriado e uma galera iria chegar pra ficar lá por uma semana. Era tudo que precisava para me convencer. Troquei a passagem, o meu camarada arrumou estadia em uma pousada e em seguida me matriculei no curso de mergulho. Fazia aula todos os dias e consegui me formar e me tornar mergulhador.

Fazia o curso de manhã, depois surfava, fazíamos churrasco, passeávamos de barco, víamos o pôr do sol, dávamos carona de bugue pras pessoas, foi uma vibe incrível. Foi o início perfeito para a viagem dos sonhos. Ali eu senti o quanto eu queria e precisava viajar.

Foram dias bem difíceis
em Fernando de Noronha!

Foi o início
PERFEITO
para a
viagem dos
SONHOS.

BATMAN

Primeira parada: Washington

Cheguei em Washington e tive exatamente a sensação que eu precisava: alívio. Estava em um país diferente, onde ninguém me conhecia e eu não tinha que me preocupar com as responsabilidades deixadas no Brasil. Andava na rua tranquilo, passeava, dormia e acordava sossegado, levando uma vida simples. Eu tinha a rotina normal que queria.

Washington não é uma supercidade turística, mas eu estava feliz demais. Morava com um conhecido que com o tempo se tornou um grande amigo, Roberto, comecei a trabalhar na oficina mecânica dele e do irmão, saía com uma francesa que eu já conhecia e morava na cidade, enfim, levava uma vida comum. Até ir ao McDonald's me fazia feliz, pois a atendente não me conhecia e me tratava igual a qualquer um.

Trabalhei durante algum tempo na oficina do brother.

Lá eu consegui desacelerar completamente. Tudo era novo e tudo era motivo para conhecer e aprender algo diferente. Comecei a pensar no que queria, o que deveria fazer dali em diante, e estava nessa vibe quando, depois de uns vinte dias, o Sandro, meu empresário, me liga e manda: "O que você acha de ir pro Japão?".

A館8階 レストラン街 ダイニング
美登利総本店
活
素材のこだわり
一、寿司ネタは
毎日、築地市場より
新鮮な海の幸を直送しています。
一、シャリは
お寿司に最も適した
14年連続「特A」受賞の
山形庄内産はえぬき米100%を使用。
一、寿司酢は
厳選された酒粕をじっくりと
熟成させて醸造し、
まろやかな味に仕上げた米酢と
合わせて美登利秘伝の製法で
仕上げました。
一、寿司海苔は
瀬戸内産の厳選された
風味豊かな海苔を
美登利寿司用に焼き上げました。
420円
472円
525円
活あわび
168円
262円
しまあじ
泳ぎあじ
赤貝
大名さば
白身食べるポン酢
アボカドシュリンプ巻
ノルウェーロール
北海活御たこ
ヘルシー野菜巻
肉の寿司
NEW
盛り合わせ
210円
315円
生とろサーモン
活ほっき貝
白子軍艦
367円
極上中とろ
活ひらめ

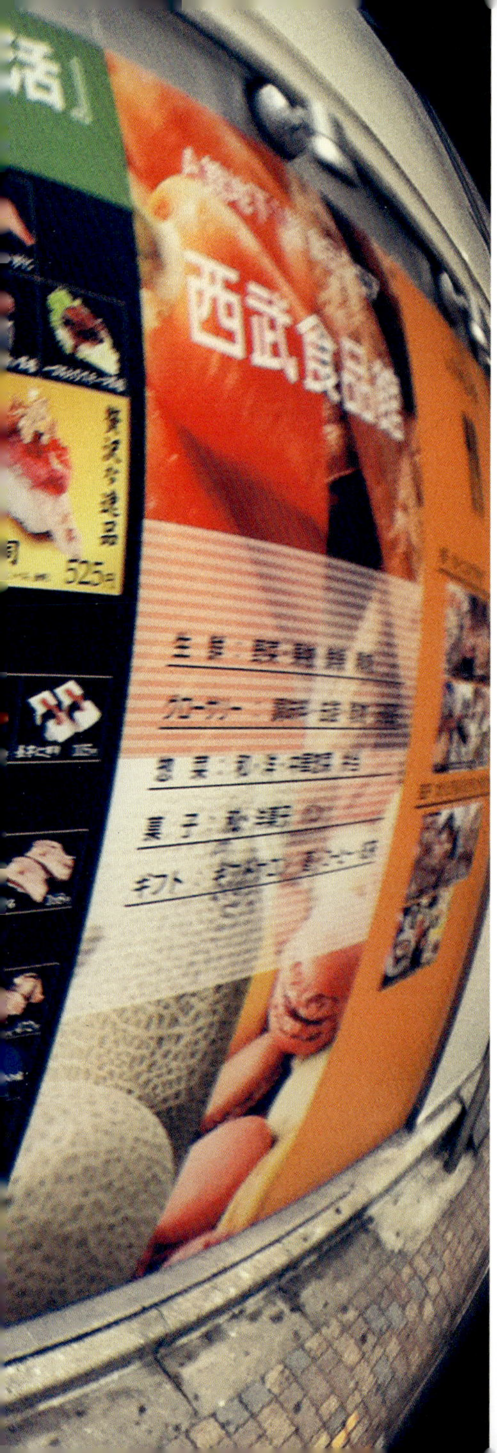

O Japão

Outro mundo

Não pensei duas vezes e topei. O Japão era o lugar que eu mais queria conhecer. Na minha cabeça era o país mais distante no mundo, e fomos. E é um negócio diferente pacas, a sensação é muito doida desde a hora em que você chega no balcão do aeroporto e a pessoa é completamente diferente de você, a língua é ininteligível, o ritmo é outro. Eu estava em um lugar onde queria muito estar, mas não entendia p@#ra nenhuma. Não conseguia nem me comunicar, já que a maioria das pessoas não fala inglês. Não sabia perguntar onde era o banheiro, pedir comida, nada.

Cheguei no primeiro dia para o café da manhã e a comida era toda diferente. O café, pra eles, é igual ao almoço e à janta. Eu não sabia o que eram aquelas coisas, daí perguntei. Claro que ninguém falava inglês e fui na mímica, tentando descobrir se era peixe ou frango, e o bacana é que os funcionários entravam na brincadeira tentando ajudar. A atendente ria, vinha até o chefe da cozinha.

No Japão, o instinto de sobrevivência é ativado. Quer um exemplo?

O Japão foi uma experiência muito louca pra mim.
A cultura é muito diferente da nossa.

O terremoto e a cueca

Estávamos em um hotel, eu, Sandro e Marcão, que tem pânico de terremoto. Ele sentiu um tremor e, como a qualquer sinal de que podia rolar algo ele já se desesperava, saiu em estado de choque do quarto e foi bater no meu, só de cueca. E nessa hora é claro que a porta dele fechou e ele não tinha pego a chave. Lá fui eu tentar explicar pra recepcionista que meu amigo estava de cueca por medo do terremoto e que por isso ficou pra fora do quarto, e que precisávamos de uma chave nova pra ele. Era um hotel furreca, ela não falava inglês, e o que me salvou foi o google tradutor. Eu ia escrevendo, ela ouvia e soltava seus "óóóóssss" e "hi, hi, hi, hi", ficou toda tímida, mas mandou alguém abrir o quarto.

A sensação de cinema

Todo mundo que vai para Disney, Torre Eiffel, ou Times Square, em Nova York, acaba tendo a sensação de estar naquele filme que viu, ou naquele comercial de TV que tinha esses lugares. Foi a impressão que eu tive ao visitar o famoso cruzamento de Shibuya. É o maior cruzamento do mundo, com milhões de pessoas atravessando ao mesmo tempo, e tudo superorganizado, não tem gritaria.

Eu comecei a lembrar de *Velozes e furiosos — Tóquio Drift*, a imagem dos carros passando e a galera atravessando e pensei: "Caraca, os carros estiveram aqui, os caras filmaram aqui". Eu tinha uma sensação de estar no cinema. Ali eu já não lembrava mais que eu trabalhava na TV nem nada disso, estava apenas maravilhado com a grandiosidade e a organização. Já estava vivendo a viagem e conhecendo um lugar que era muito mais do car@#ho do que eu imaginava.

Meus olhos pulavam para fora, era muita informação, muita gente diferente, aliás, lá, você é o diferente pra eles.

Hikarie

Não dava pra entender nada, e nem sempre as pessoas falam inglês. Pra se comunicar, a gente teve que se virar. Mas no fim, sempre dava certo!

O verdadeiro terremoto

Enquanto estávamos no Japão, rolou um terremoto mesmo. Estávamos em Hamamatsu e, ao chegar no hotel, a recepcionista avisou que lá havia terremotos, que o hotel estava preparado para isso, e que, nos andares mais baixos, sentiríamos menos. Bom, não tive dúvida e pedi o andar mais alto que tivesse. Até isso eu queria sentir, ter essa experiência de estar num terremoto, saca? Que fosse leve, não machucasse ninguém, mas que eu pudesse sentir. Fiquei no décimo terceiro andar.

E não é que teve mesmo um terremoto de cinco pontos na escala Richter? E foi um negócio bem tenso, tudo começa a tremer e até sua visão fica meio "torcida", o coração vem na boca, e eu fiquei meio que "car@#ho, um terremoto", num misto de medo e excitação. Abri a janela e vi as antenas balançando, foi realmente uma doideira! Um minuto depois meu amigo Marcão chega na porta vestido e de mochila, pronto pra gente descer correndo. Eu e o Sandro caímos na gargalhada.

Tenho fascinação por astronomia, a Lua, a influência dela nas marés, e acho que meu interesse pelos desastres naturais estão muito dentro dessa minha fascinação a respeito dos porquês dessas coisas.

Fomos a uma festa numa balada no Japão, lotada, e pra todo lado só ouvia gente falando japonês, japonês e japonês. Daqui a pouco escuto um "Caaaaio". Na hora pensei: "Nossa, como assim?", e ele já chegou com um "qual é mano, e aí?". Era o Juninho, um camarada. Conheci o Juninho quando tinha uns quinze anos e ia para a Praia Grande passar férias de final de ano. Ele fazia parte da turma de amigos por lá. Daí, depois de anos, reencontro o cara no Japão.

Ele estava morando lá e naquela semana estava de folga. Pronto, tínhamos tirado a sorte grande. Foi a nossa salvação, pois, com ele, conhecemos os lugares mais irados, as festas mais legais, lugares históricos, sempre com um "guia" que falava japonês.

Encontro do outro lado do mundo

Trabalhar também é preciso

E falando em festas, também acabei bolando um jeito de trabalhar enquanto viajava, para poder pagar todas as contas. Em Washington, fui convidado a ser o "embaixador" de uma festa pra brasileiros. Pensei que poderia fazer o mesmo no Japão e em outros lugares que fosse, e deu certo. Eu procurava os responsáveis pelas festas de brasileiros e propunha uma parceria. É o mesmo esquema de fazer aparições VIP em festas no Brasil, mas eu fazia para a comunidade brasileira no país onde eu estivesse. E sempre funcionava, e era bom para todos.

O Japão e a galera que encontrei por lá vão sempre ficar na memória. Foi uma viagem do c#r@lh*!

Isso foi o que bancou a maior parte das minhas viagens, e era também um jeito legal de conhecer pessoas que moravam nos países que eu ia, ter experiências diferentes. Mesmo querendo ter uma outra rotina, era muito legal saber que tinha gente do outro lado do mundo que me conhecia e que queria ir numa festa só pra me ver pessoalmente. Eu ficava ansioso pra conhecer essas pessoas.

Churrascaria e doideira no Japão

Claro que um dia fomos a uma churrascaria brasileira, pois chegou um momento em que não aguentava mais comer peixe e comida japonesa. Ao sair de lá, passou um cara, por coincidência brasileiro, com uma calça meio saruel, mas que vinha só até a canela, estilo samurai. Perguntei pra ele onde poderia comprar uma igual, e ele me indicou um lugar longe. Perguntei se ele não queria trocar a calça dele pela minha. “Só trocar, uma pela outra?”, ele retrucou. Eu confirmei e ele topou. Trocamos ali mesmo, dentro do nosso carro, e fiquei felizão. Tenho e uso essa calça até hoje.

O Japão é um lugar muito louco. Absolutamente TUDO é muito diferente do que conhecemos aqui.

Night Club

Estávamos andando na rua e um cara nos abordou dizendo: "Vocês são brasileiros, né? Não querem ir a um club?". Claro que ficamos meio ressabiados, mas ele nos explicou que não era um puteiro, que no Japão a cultura era diferente, era um Sunako. O cara sai do trabalho e vai a esses bares, onde bebe ao lado das hostess, elas acendem seus cigarros e os paparicam, mas apenas isso. Elas são acompanhantes, mas sem sexo nem nada. Os homens querem atenção, dão gorjetas e, quanto mais bebem, mais o bar e elas ganham de comissão. Resolvemos conhecer. E olha, era um bar normal, as minas arrumadas como em uma balada, educadas, tudo que o cara tinha nos dito. Não tinha absolutamente nada de sexual ali, era um lugar bem bacana. Daí conheci uma brasileira linda que trabalhava lá, também perguntei como funcionava aquilo e ela disse que o lance era mesmo a carência dos japoneses, o fato delas darem atenção e tal.

Como nos demos bem, combinamos de nos ver depois do trabalho dela, num restaurante. Conversamos, comemos e ela acabou indo pro hotel comigo, foi bem bacana. Mas me lembro que, quando cheguei, tirei tudo do bolso, celular, chave, carteira, e num dos bolsos tinha dinheiro, que deixei em cima do criado-mudo.

Quando acordei, ela já tinha ido embora e o dinheiro tinha sumido. Fiquei numa dúvida enorme, ficou o mistério. Mas deixei essa história pra lá. Foi legal ter conhecido um lugar tão diferente. Quando a gente tem contato com outras culturas, acabamos julgando menos as pessoas, porque entendemos que elas viveram outras situações e aprenderam conceitos diferentes. Isso é superimportante e nos torna pessoas mais tolerantes.

Conhecer pessoas de culturas completamente diferentes da nossa é uma das melhores partes de viajar.

É POR aqui que vai PRA lá

Uma lembrança marcante

Por ter sido uma viagem tão incrível, além das memórias (e da calça de samurai), eu queria levar algo foda do Japão. Então resolvi fazer um tebori, uma tatuagem de técnica milenar feita artesanalmente com bambu, com o desenho da bandeira de guerra do Japão.

E claro que não seria algo simples. Através de um cara da churrascaria, fui indicado pra fazer com um cara da Yakuza, a máfia japonesa, e que só topou fazer o tebori em mim porque fui indicado. O cara não só fez a tatuagem em mim como me contou altas histórias, mas que é claro que não posso reproduzir aqui...

Poderia dizer que foi tranquilo, mas fiquei quase dois dias sem andar, porque a técnica machuca muito, é muito agressiva, mas foi bem da hora, foi um ritual pra mim, e que durou "apenas" três horas.

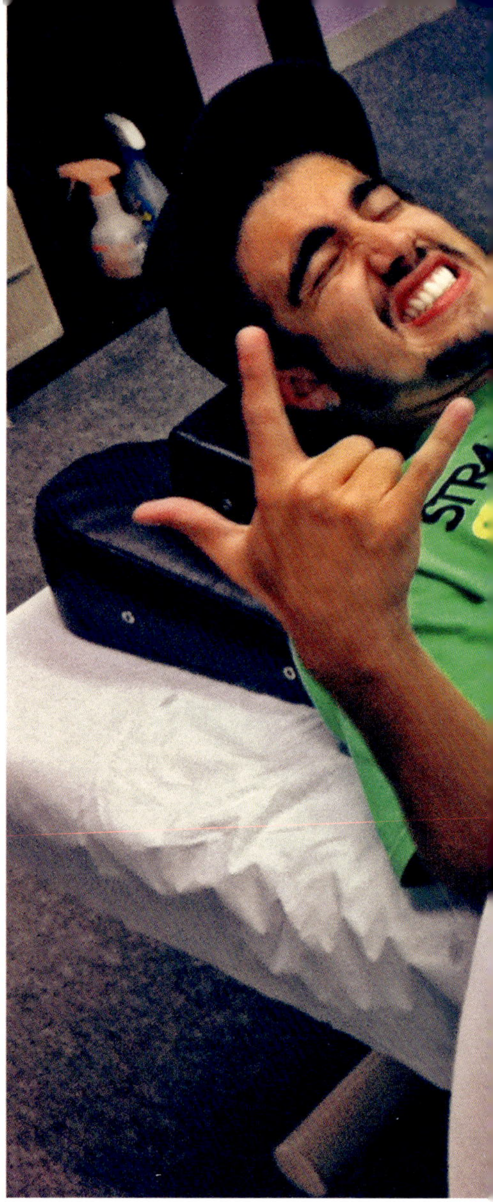

Além das memórias, quis deixar marcado no corpo a minha passagem pelo Japão.

Depois do Japão, a decisão já estava tomada.
Eu ia mesmo tirar um ano pra viajar!

Viagem mágica e decisão

O Japão era tudo o que eu esperava e ainda mais, muito mais. Foi incrível, absurdo, mágico, eu realmente desliguei de tudo e consegui aprender, me virar, ter experiências incríveis, então cheguei à conclusão de que o que eu precisava era mesmo de um ano de férias, sem as aspas. Um ano viajando, sem rumo, onde a vida me levasse. Eu tinha que descansar, mas também aprender, crescer, pôr a cabeça no lugar. Washington e principalmente o Japão me mostraram que eu estava no caminho certo. Só faltava um pequeno detalhe...

Voltei para Washington e liguei para minha família e empresários. *Agora não era mais modo de falar, eu realmente queria tirar um ano de férias.* Então eles me perguntaram: "Mas quem tira um ano de férias?". A minha resposta foi a mais natural possível: "Um cara que há cinco anos trabalha vinte e quatro horas por dia, sem folga. E que vai bancar as férias trabalhando nelas".

um ano viajando, SEM RUMO, ONDE A VIDA me levasse. EU TINHA QUE DESCANSAR, mas também

APRENDER, CRESCER,

pôr a cabeça no

LUGAR.

França: cinema, cerveja e museu

O mochileiro e o Festival de Cannes

Depois de todos convencidos, surgiu uma grande oportunidade. Uma amiga participaria do Festival de Cinema de Cannes e me chamou para ir junto. Eu nunca tinha ido pra França, então topei. Vou para a França. Onde a vida me levar.

Meu inglês estava começando a deslanchar, mas eu não manjava absolutamente nada de francês. Nada mesmo. E isso foi uma grande dificuldade logo de cara.

Não poderíamos deixar de tirar a clássica foto de turista de Paris.

Não foi fácil se comunicar com os parisienses, mas mesmo assim conseguimos curtir a cidade.

Todo mundo fala de Paris, da Torre Eiffel, mas sem falar nada da língua rola uma bela dificuldade, eles não te ajudam, tudo é complicado, eu não conseguia pedir informações.

Cheguei em Cannes, peguei um táxi e o motorista era a cara do Antonio Banderas. E era simpático, tentava falar um monte comigo, e eu não entendia nada. Cheguei ao meu hotel e era um lugar f@#a, pois minha amiga trabalhava para uma marca de cerveja que patrocinava o evento, e me arrumou de fazer uma aparição para eles em troca de poder estar lá. O mais incrível? O Banderas tava no meu hotel. Encontrei com ele saindo, ficamos parados lado a lado e eu pensando: "Que f@#a eu estar aqui com esse cara". Nem pensei que poderia ter falado em inglês com ele.

Na primeira noite tivemos um jantar, pois nosso dia no festival seria o seguinte, com a exibição do filme *Hemingway & Martha*, com a Nicole Kidman e o Rodrigo Santoro, e ficamos sabendo que haveria uma festa. Claro que não perderíamos uma festa em Cannes. E foi festão. Aproveitamos muito, a conta deve ter sido astronômica,

Vestidos a caráter para a festa em Cannes. Mas quase nos ferramos!

vinho francês pra cá e pra lá, tudo bancado pelo evento, e acabamos voltando de manhã pro hotel. Chegamos direto pro café da manhã, e só depois fomos dormir. Acordo com o telefone tocando e minha amiga dizendo: "Então a gente sai daqui às seis e meia, a exibição é na rua de trás e os portões fecham pontualmente às sete da noite. Depois disso ninguém mais entra, de jeito nenhum". Desliguei e pensei: "Pô, que que essa mina tá me ligando agora pra falar do fim da tarde?", daí virei e pensei em voltar a dormir, mas me deu um clique. Que horas são? Olhei no meu celular e eram seis e vinte.

Eu tinha que me vestir black tie, tomar banho etc. Chamei meu empresário, "acorda, acorda, cara, tamo atrasado, são seis e vinte", pulamos da cama, um ajudando o outro, "vamos, vamos, vamos", tinha que vestir a roupa, nenhum de nós sabia dar nó em gravata-borboleta, entramos na internet pra ver, ainda tinha cinta, gel no cabelo, perfume... então descemos. Eram seis e cinquenta. Cadê o pessoal?

A organizadora do esquema estava lá embaixo com uma cara daquelas. "Vocês são muito irresponsáveis, a gente marcou horário, vocês tinham que estar aqui antes". Ferrou tudo, pensei. E agora? Era só o que eu tinha que fazer, tirar as fotos para aparecer na revista. Era o primeiro trabalho que eu fazia para a Stella, era a contrapartida pra tudo aquilo. "Agora queimei o filme, f@#eu, eles não vão bancar nada, eu terei que pagar tudo, e agora, e agora?"

A vista sensacional de Cannes.

Agora queimei o filme, f@#eu, eles não vão bancar nada, eu terei que pagar tudo, e agora, e agora?

Respirei fundo, pensei, pensei, liguei pra minha amiga e não achei, a organizadora tava enrolada e ainda mais brava por não conseguir montar o backdrop das fotos, nem queria mais papo comigo, o que eu faço? Então me deu uma luz. Fui até ela: "Calma que eu te ajudo. O que eu preciso fazer? Foto pras revistas do Brasil? Usando esse backdrop? Depois de ver o filme? Dá aqui que eu monto o backdrop pra você. Quem vem pra cá depois? Rodrigo Santoro, outros atores? Perfeito. Ninguém vai saber que eu perdi o filme. Vamos fazer as fotos juntos aqui".

Dito e feito. A galera chegou, chamei o Rodrigo, falei que não tinha conseguido ir ao filme e pedi pra fazer umas fotos ali. Ele topou, as outras pessoas também, então fizemos as fotos e o clima melhorou, todo mundo sorrindo, a noite e o trabalho estavam salvos. Fomos jantar, a noite foi tranquila e, no dia seguinte, a organizadora veio me falar que aquela tinha sido a foto mais falada no Brasil. Ufa. Graças a isso consegui fazer vários outros trabalhos com eles, mas na época nem pensei nisso. *Eu tinha que resolver aquele problemão na hora.*

O Arco do Triunfo, em Paris, é sensacional.

Paris e os franceses

Fiquei mais dois dias por lá, só que era tudo muito caro. Então fui para Paris conhecer a cidade. Mas a minha experiência não foi a mais espetacular. **Se você não fala francês, as pessoas têm um pouco de má vontade em falar inglês com você.** Sugiro que as pessoas que forem aprendam pelo menos algumas frases, que já ajuda bem.

E achei bacana visitar a Torre Eiffel, mas principalmente o Louvre, que eu achei animal. Nem sou um grande fanático por museus, mas adoro Napoleão e a história da França, então achei o Louvre beeeemmm legal. Tirei foto do trono, da cama, eu me sentia dentro da história vendo tudo aquilo. Foi uma grande viagem pensando em como eram as coisas na época. E na Notre Dame senti uma energia pesada, era bem gótico mesmo. Mas acabou sendo uma das viagens mais turísticas que fiz e não muito emocionante ou festeira.

Mesmo não sendo muito chegado em museus, eu pirei demais no Louvre.

PORTUGAL: ROCK IN RIO E A FAMÍLIA

Surf em Portugal

Outro lugar que eu queria conhecer era Portugal, especialmente por toda a minha família ser portuguesa, a minha avó ter vindo de lá e eu não conhecer meus tios, apenas por carta. Então, vi no facebook de alguém que ia rolar o Rock in Rio em Portugal e decidi que iria. Comprei a passagem e fui sozinho dessa vez.

Assim que eu cheguei lá, tinha dois dias de folga até o festival e no lugar que eu desci vi um monte de gente com pranchas de surf. Daí é claro que fui perguntar

onde que tinha onda. Me disseram que tinha a Costa da Caparica e que era perto, uns quarenta quilômetros de distância. *Não tive dúvida. Aluguei um carro, só com minha mochila já cheia de roupa suja, e fui.*

Cheguei em uma loja, perguntei se alugavam prancha, consegui uma e fui direto surfar. Tava sol, a água era muito, muito gelada, mas tinha umas ondinhas e deu pra fazer muito a cabeça, tirar a nhaca da viagem e dar aquela energizada. Foi bem legal.

Saindo de lá peguei a estrada e fui direto para a Cidade do Porto, onde a minha família morava. Mas claro que eu não sabia onde, então primeiro tive que ligar pro meu pai e perguntar o endereço do meu tio, ou melhor, do primo do meu pai, o Leonel.

Sempre que posso dou um jeito de surfar durante as viagens. Dá uma renovada nas energias.

Em Portugal eu pude me conectar com minhas raízes. Foi legal passar um tempo com essa família com quem eu não tinha muito contato.

Família portuguesa com certeza

Já cheguei e fui recebido com um "Olá, tudo baiin..." da minha tia. Nos cumprimentamos e ela já foi me perguntando se eu tinha roupa pra lavar. "Só a mala inteira, tia", foi minha resposta. "Poisss bain, vamos lavar a roupa", ela mandou. Quando eles conversavam entre eles eu não entendia absolutamente nada, mesmo sendo a mesma língua.

Então saí pra passear com meu tio, que é engenheiro, e me levou para ver pontos turísticos que ele achava interessantes, e que tinham construções, claro, como uma ponte imensa, umas obras meio loucas, mas foi legal, as histórias dessas coisas eram da hora pacas. Tinha uma torre igualzinha à Torre Eiffel, do mesmo criador. Foi um passeio mais família.

E daí ele me levou onde minha vó nasceu, e essa foi uma parada bem bizarra. Lembrei de quando eu era pequeno e dormia na casa dela. Depois de rezar, ela me mostrava a foto de seus pais, meus bisavós, e eu perguntava onde eles estavam, e ela me dizia que já tinham morrido. Eu sempre via aquela foto com ela. Então vimos a casa onde ela viveu, uma casa de pedra superantiga, e aquilo era algo muito doido, era o começo da minha vida, de onde eu vim. Ninguém morava mais lá, mas eu ficava imaginando minha avó ali na janela, vendo a lua, e entrei numa doideira de pensamentos sobre a vida e a família. Fiquei uma hora lá olhando tudo. Então meu tio disse que me levaria para um lugar que minha avó gostaria que eu visse, e daí fomos ao mausoléu da família, onde nossos parentes eram enterrados. Foi bem interessante porque ele não precisou me mostrar qual era, a gente foi chegando perto e eu vi a foto da minha avó, a mesma foto que ela guardava, o papel antigo, e me deu até uma coisa, uma sensação estranha, ver aquela imagem, pensar na minha família de novo, nas minhas raízes. Foi algo muito intenso, me deu uma saudade do que eu não tinha vivido.

Eu ainda tinha mais um dia lá, pois ia pro Rock in Rio apenas na outra manhã, então fiquei na casa dos meus tios e minha tia quis me levar no trabalho dela, um banco ali perto de sua casa. Era engraçado que a maior parte das pessoas era bem mais velha, da idade dela, mas tinha uma menina de uns vinte e poucos anos, linda. Eu conversava com todo mundo, mas é claro que ficava encarando ela. Quando chegamos em casa, minha tia soltou: "Sabes que ela gostou de ti, não?". Fiquei envergonhado, falei: "É mesmo, tia?", e ela: "Queres o telefone dela?". Claro que eu quis.

Isso foi bem legal, pois marcamos de sair e ela me levou pra balada no Porto, que é uma região de muitos bares, e pude conhecer o lado jovem da cidade. E foi legal ver que a galera portuguesa é bem parecida com os brasileiros, de se abraçar, encostar, trocar ideia, ser acessível, sabe como é? Foi muito bacana, conheci muita gente e aproveitei demais minha última noite no Porto.

À noite no Porto deu pra ver como os portugueses são parecidos com os brasileiros. Gostam de contato e de trocar ideia.

... aquilo era algo
muito doido, era o
começo da minha vida,
de onde eu vim.
... ficava imaginando

Minha avó ali na janela,
vendo a lua, e entrei
numa doideira de
pensamentos sobre
a vida e a família.

Rock in Rio e o estacionamento

No dia seguinte de manhã, peguei o carro e parti para Lisboa. O problema é que, claro, eu não tinha ingresso nem nada ainda para o Rock in Rio. Só a vontade de ir. Liguei pro meu empresário pra ver se ele conseguia um jeito de eu entrar, daí foi uma correria, ligações pra um monte de gente, tive que ligar pra uma pessoa que ia falar com outra pessoa, e eu já lá fora um tempão, bateria acabando, aquelas roubadas de sempre. Mas acabei conseguindo entrar e curtir dois dias de show.

O Rock in Rio Lisboa.
Tão legal quanto no Brasil.

No segundo dia eu tava acabado. Já estava viajando havia vários dias, dirigindo. Chegou uma hora que eu tava quase caindo de sono no fim do show. Resolvi ir embora, me arrastando. Cheguei no estacionamento do hotel e vi uma vaga, mas pensei: "Cara, meu carro não entra ali. Vou deixar aqui". Mas o "aqui" era no meio do estacionamento, e eu fecharia vários carros. Eu tava irritado de tão cansado, só queria dormir, então fui em frente e meti o carro na vaga, meio arranhando o carro, mas estacionou.

Dormi superbem, acordei e, quando fui sair, dei uma olhada na vaga: como estava meio escuro e eu meio dormindo, não percebi que pro outro lado ela era imensa, era só ter entrado com calma. *Mas, o.k., no fim tudo deu certo.*

Estados Unidos de novo, snowboard e o Mickey

Orlando e uma ideia

Fui visitar uma amiga em Orlando junto com meu primo Thomas. Lá começamos a discutir o que poderíamos fazer, se iríamos acampar, então ela sugeriu que fôssemos para o Colorado, onde daria para ver neve, e estaria na alta temporada de esqui, e a gente poderia fazer snowboard. "Vamos?" "Vamos!" Ela ligou para Juliana, amiga dela que mora no Colorado, e que era comissária de bordo. A Juliana conseguiu um esquema de passagens pra gente e então fomos pra lá.

Foi a primeira vez que fiz snowboard... caí pra caramba!

Foi legal porque eu não conhecia o Colorado e a gente ainda foi para Kingston, um lugar com poucos turistas, ou seja, poucos brasileiros.

Foi lá que conheci o Macaco, um grande brother que, depois disso, fez comigo grande parte das minhas viagens, até hoje. Fomos pra casa de um amigo delas pegar equipamentos emprestados, daí ele perguntou se era a primeira vez que fazíamos snow, dissemos que sim, então ele sugeriu que usássemos aqueles protetores de mão, porque a gente ia acabar caindo muito e a placa do protetor protegeria nosso pulso.

Então fomos pra casa da Juliana, que já sabia esquiar bem, e ela disse que nos levaria pra Kingston primeiro, no outro dia para Vail e depois para Aspen. Era uma programação bem foda que ela tinha feito. Eu e o Thomas nunca tínhamos esquiado, então ficamos bem animados. Pegamos os equipamentos e fomos, tava um frio absurdo, não era bem a alta temporada, e sim o fim dela, então a neve já tava dura, tinha muito gelo, não tinha powder, tava zero fofo, zero.

Quando eu tava subindo a montanha no lift, no teleférico, eu ouvi um barulho de ffff, ffff, ffff, e pensei: "Caramba, é esse o barulho que faz esquiar?", ao que ela respondeu: "Então, tá bem ice, toma cuidado". E eu, bonzão, o cara do skate, do surf, imagina se usei a proteção pras mãos? Começamos a fazer snow e eu caí pra caramba, é superdifícil. Quando tava pegando o jeito, caí feio e bati a mão. Nossa, doeu meu pulso, mas doeu, doeu pacas. Mexi um pouco e melhorou. Só que quis andar mais e caí feio de novo, daí quebrei o punho.

Aqui eu ainda estava felizão, achando que ia ser fácil...

O hospital

Passei o dia com muita dor, mas indo em frente, “tá beleza”. Mas realmente tava doendo pacas. Fomos pra casa, tomei um banho quente, daí fui fazer um chat pelo facetime com minha tia, mãe do Thomas, e enquanto eu contava pra ela como tinha sido o dia eu desmaiei de dor. Aí me levaram pro hospital, “deve ter quebrado, deve ter quebrado”.

Lá tiraram chapa, me medicaram, constataram a fratura e daí gesso. Tive que ficar uma cota imobilizado, um saco. Lembro até que um tempo depois voltei ao Brasil para fazer um comercial da Closeup e eu tive que tirar o gesso e pôr a mão no bolso e gravar assim. Era um incômodo e uma dor f@#ida.

O resto da viagem foi com o braço zoado...

No hospital, eu lembro da mulher me falar que, se eu sentisse muita dor, deveria tomar o remédio tal, que ela me deu. Mas era forte pacas, me deu um barato, fiquei meio louco. Dava umas alucinações. Teve um dia em que eu tomei só pra ver uns passarinhos voando ao meu redor, parecia que eu tava meio flutuando, era engraçado.

O que não foi engraçado foi a conta do hospital. Era tipo uns oito mil reais pelo que eles tinham feito, que foi chapa, exame e o remédio. Pensei: "Pô, não tenho esse dinheiro pra dar assim, e agora, o que eu faço?". Minha amiga também não sabia, a gente simplesmente não tinha aquele dinheiro. Falamos que não tínhamos ali na hora, daí eles falaram que iam mandar a cobrança pelo correio. Acabei dando um endereço qualquer. Teria que resolver isso mais pra frente.

Foi tudo uma grande roubada, me estourei inteiro antes de conseguir fazer o snowboard que queria tanto. Não tinha dinheiro pra pagar o hospital, foi tenso pacas. Acabou o rolê. No fim voltamos pra Orlando, e todo mundo que me via já perguntava: "Foi esquiar pela primeira vez?", e isso acabou sendo legal, virando assunto pra mim. Em vez de esquiar acabei indo pra Disney com meu primo e a Priscila, aproveitando de um outro jeito. Lá eu sabia que não ia me arrebentar.

GELO

Brasil meio louco

Jericoacoara e algumas loucuras

Tinha ficado com uma menina uma vez no Rio e mantivemos contato. Então, no meio da minha viagem, ela me ligou e convidou pra ir para Jericoacoara, pois ela morava perto, e como já tinha ouvido falar muito de lá e estava com saudade do Brasil, topei na hora. O plano era ir pra casa dela, depois pra Jeri e voltar, ficar na casa dela mais uns dias pra poder surfar.

Fomos pra Jeri e foi incrível. O lugar é mágico, vimos pores do sol maravilhosos, fiz sandboard, peguei onda, saímos à noite e conhecemos muita gente, inclusive uns hippies muito gente boa e loucos, que iriam pra

Jeri é um lugar surreal... e coisas surreais realmente aconteceram comigo lá.

Machu Picchu no final do ano, porque era 2012 e, segundo as previsões, a gravidade ia diminuir trinta por cento e, de acordo com o calendário Maia, o mundo ia acabar. Claro que me animei, combinei com eles da gente se encontrar lá, maior amizade. Um dos caras me contou tudo da história, falou pra eu levar um amuleto que ele tinha feito, uma ametista. E é óbvio que depois não fui p@#ra nenhuma pra lá, né? Mas o mundo também não acabou, então beleza.

Voltamos pra casa dela e decidimos ir, junto com um casal de amigos, para uma casa de campo da família dela, pra ficar umas duas noites e descansar. Foi divertido, curtimos bastante e, na hora de ir embora, o namorado da outra garota disse que tinha perdido a carteira. "Como assim? Só pode estar aqui", falei. Tínhamos ido a uma pizzaria na noite anterior, então voltamos lá mas não acharam nada. Procuramos no carro, na casa, vasculhamos tudo e não encontramos.

O que eu faço agora?

Voltamos pra casa dela. Lá, começamos a desfazer as malas pra pôr as roupas sujas para lavar. Estávamos fazendo isso e ela vira pra mim e diz: "Ah, aqui, sua carteira tava comigo". "Mas essa carteira não é minha. Deve ser a carteira perdida. Do brother. Que bom. Deve ter caído, mas como foi parar aí?", perguntei. Ela disse que provavelmente pegou por engano achando que era minha. Bom, beleza. Eles viriam à noite pra jantar, então pensei em colocarmos em uma caixinha e dar um "presente" pra ele, fazer uma surpresa. Tipo "olha, fiquei com dó de você, então comprei esse presente", e seria a carteira dele. Então guardei embaixo do criado-mudo.

Saí para surfar e com o plano pronto. Fui sozinho, surfei bastante e voltei já perto da hora do jantar. Quando cheguei eles já estavam lá, as pessoas cozinhando, aquele clima legal de família. Quando vi o cara já disse que tinha um presente pra ele, que ia tomar banho e já trazia. Me arrumei e tal, mas quando fui pegar a caixa, estava vazia. "Peraí, eu tinha deixado aqui." Procurei na mala, no criado-mudo, não tava em lugar nenhum. Daí desci e chamei a mina.

"A carteira não está aqui. Fui pegar e a caixa tava vazia." Ela disse: "Como assim?", e eu respondi que simplesmente não estava. Fui falar com o cara e disse que não tinha achado o presente, e ele na boa disse que tava tranquilo, que eu podia dar depois. Respondi que não, e falei pra mina falar com a mãe, a vó dela, tinha que estar lá. Ela falou e a avó veio perguntar o que tinha acontecido. Contei a história toda e a avó falou pra fecharmos a porta. Ficou um circo montado e eu totalmente de cara com aquilo. Ela pediu pra eu contar tudo desde o começo, eu fiz isso, e achei estranho todo mundo se olhando de um jeito estranho, uma tensão no ar.

Pensei: "Tem alguma coisa que eu não tô sabendo nessa p@#ra. Tem algo rolando aqui e eu tô por fora". Me senti estranho.

Daí o brother disse que tava tranquilo, que ele ia embora, que a carteira não era problema, mas deu umas alfinetadas falando que o duro eram os documentos, o trabalho que ia dar, que as atitudes eram o problema, que aquela não era a primeira vez. Achei aquilo mais estranho ainda e ficou na minha cabeça. O que estava acontecendo? Antes de ir embora ele me deu um abraço forte e disse que depois a gente conversava.

Os malucos de Jeri.
Um lugar lindo, mas onde
passei um p*t@ perrengue!

Bom, ali acabou o jantar, o clima ficou ruim, acabou a festa. Subi pro quarto pra deitar e liguei pra ele. O cara me disse que a mina era louca, que a namorada dele tinha subido no nosso quarto e pego a carteira, porque ela já sabia que ia estar lá. “Como assim ela sabia que ia estar lá?”, ele respondeu que eu estava na maior roubada, que a mina era surtada, completamente maluca, que tinha vários problemas com a família, e me falou um monte de coisas. Então pensei: “E agora, o que eu faço?”, eu mal conhecia ela, tinha topado fazer aquela viagem, aproveitar, mas agora estava numa enrascada. Comecei a ficar preocupado, a casa tinha umas câmeras, me deu uma paranoia. E o cara continuou dizendo que ficou bem preocupado por eu não saber de nada, que todo mundo sabia que ela era surtada, e que era bom eu sair de lá.

Tive que ir embora correndo do paraíso. Mas, quando se está solto no mundo, tudo pode acontecer...

E mais, por segurança, era bom eu cancelar todos os meus cartões de crédito. Pensei: "Nooossaaaa, no que fui me meter?".

Então, a primeira coisa que fiz foi mandar mensagem pro Sandro, meu empresário, e pedir pra ele cancelar tudo. O Sandro queria ir pra lá, mas eu falei pra ele não fazer isso, que eu tava bem, o que eu precisava era um plano pra ele me tirar de lá, porque o combinado era eu ficar tipo mais uma semana. "Tô com medo de ficar aqui, vou fazer uma cena e vamos resolver isso. Você vai me ligar amanhã às oito dizendo que eu tenho que fazer algo, inventa alguma coisa e me salva dessa situação."

Então preparei tudo, aumentei o volume do celular, chequei umas três vezes e deixei do lado da cama.

Daí fomos dormir e tal. Umas sete da manhã eu já estava acordadaço, só esperando. Daí tocou o celular. Deixei tocar quatro, cinco vezes, e desliguei. Daí tocou de novo. Deixei tocar e desliguei. Aí de novo. Tocou, tocou e ela perguntou se eu não ia atender. "Não." Daí ligou de novo. E ela: "Vai, atende, pode ser importante". E eu: "Mano, tô de férias, que importante o quê?".

"Alô. E aí? Hum. São Paulo? Como assim? Hã. Certo. Não, mano, na moral, tô de férias, não vou assinar nada. Tchau." Desliguei na cara. Ela quis saber o que era e eu respondi que era besteira. Ligou de novo. "Mas que p@#ra", falei e ela disse pra eu atender. "Fala. Mas por quê? Mano, tô de férias, não vou agora, não dá, tô no meio de uma viagem animal, não quero, não preciso, faz alguma coisa, não vou." E ela me perguntando o que tava rolando, e eu: "Nada, depois te falo". Sei que é feio fazer isso, mas eu tava com medo. Não sabia o que esperar.

Ficamos nós três, eu no telefone falando que não ia, o Sandro falando que eu tinha que ir e daí ela entrou no jogo dizendo que eu deveria ir mesmo, que era importante pra mim e tal. Falei então pra ele mandar a passagem, mas sob protesto. Desliguei e fiz a maior cena, xinguei, e ela falou: "Calma, vai lá, assina, depois você volta". Daí fui, tomei um banho, arrumei minhas coisas (que já estavam quase prontas), checando se não faltava nada.

Ela me deixou no aeroporto, se despediu e pediu pra eu ligar quando resolvesse as coisas. Só quando o avião decolou eu respirei aliviado. "Putz, tô salvo, caramba." O Sandro me pegou na chegada e daí contei tudo pra ele. Foi tenso pacas. E ainda tive trabalho depois com um monte de mentiras e problemas, mas daí a coisa se resolveu com a intervenção da família dela. E virou mais uma história pra contar.

Vegas, Califórnia e uma história de amor

Pool party

De tudo o que aconteceu no ano da minha viagem, esta história foi a que mais mexeu comigo. Por causa das experiências, das viagens, do não ter rumo, eu comecei a me abrir mais, querendo aprender e também sentir ao máximo. Estava disposto a viver tudo o que eu pudesse, todas as possibilidades que se apresentassem, tentando fugir dos meus medos.

A pool party em Vegas foi um negócio surreal! Parecia que estávamos dentro de um filme típico americano.

O que vou contar agora aconteceu mais ou menos na metade da viagem. Foi quando fomos para Las Vegas.

Eu já tinha ido uma vez. E nessa primeira vez eu queria arrebentar Vegas, ir a todas as festas, queria que fosse igual ao filme *Se beber não case*, saca? E foi o que aconteceu. **Mas essa é uma outra história. Estava mais calmo, era outra vibe dessa vez.** Decidimos ir a uma pool party, aquelas festas em uma casona com piscina, que não tem hora pra acabar. Era o Quatro de Julho, o dia da Independência americana, e essa festa era no Encore Beach Club, que nos disseram que era a festa mais legal de lá.

A pool party era de dia e estava um sol de rachar, tipo uns quarenta e cinco graus, e isso às dez da manhã! Mas isso é básico em Vegas, afinal, a cidade fica em um deserto. Era um calor bizarro, muita gente na festa, todo mundo amarradão, tipo cena de filme mesmo, sabe? Shots de um lado, galera jogando água pra cima dos outros, muita gente jovem e bonita junta, e eu pensei: “Caramba, que irado eu poder estar aproveitando isso, como poderia melhorar? Não tem como”.

Viajar com os amigos é uma vibe irada.
A gente curtiu e zoou demais.

Era uma viagem para curtir com os brothers, mas acabei conhecendo uma menina linda...

Daí reparei que chegou um grupo de minas, todas bonitas, mas quando eu olhei direito eu foquei em apenas uma. Cena de filme também, de olhar e perder o ar, de reparar em tudo. Era ELA. A mina estava de óculos escuros, camisa jeans azul-clara, saia, chinelo, uma bolsinha, cabelo preso, sabe quando prende e fica só a franjinha? Lembro como se fosse hoje. Estava o grupinho ali e fiquei pensando: “Nossa, mas que graça, que mina linda!”.

Então fui andando na direção dela e mandando uns "*excuse me, excuse me*", passando pelas pessoas, depois pelas outras minas, até que cheguei nela e falei: "E aí? Tenho certeza de que você é brasileira". "É, sou mesmo. Como você sabe?" "Você não tem cara de gringa nunca." E ela não tinha mesmo, ela era linda demais. Então ela me disse que morava e estudava nos Estados Unidos. Tinha sido outra cena de filme. Os dois protagonistas se olham à distância, nenhum dos dois sabe se o outro está mesmo olhando por causa dos óculos, aí o cara sai em direção à garota e a câmera o segue, até que ele a chama e ela se vira. Então começam a conversar encantados um com o outro.

Perguntei um monte de coisas, ela também. Daí perguntei o que ela faria à noite, porque eu tava ali com meus amigos, o Macaco, da Flórida, e o Pedro, do Texas, era pra ser uma viagem de brothers. Eu não queria misturar as coisas e largar eles pra ficar xavecando. Por isso quis saber de mais tarde. Ela disse que as amigas iam querer sair, falei pra gente trocar telefones e combinar de todo mundo sair junto. E foi isso. Voltei pros brothers e ficamos curtindo a festa, aproveitando, até irmos embora.

ERa ELA.

Lembro como se fosse hoje.

ESTAVA O GRUPINHO ALI
E FIQUEI PENSANDO:
"Nossa, mas que graça,
que mina linda!".

A balada da noite

Descansamos, jantamos, nos preparamos para a noite, daí perguntei pros camaradas pra onde iríamos. Eles responderam que era pra Surrender, numa festa. Liguei pra ela, que me disse que as amigas iam para essa mesma festa. Falei que tava ótimo, que a gente se via lá, então. E fomos, e daí foi tranquilo, a balada lá é bem calma, estilo barzinho, mais azaração e tal. Não festa louca como na pool party. Daí fiquei só com ela, conversando, bebendo uns drinks, se conhecendo, e então rolou um beijo. E tava legal demais, aquele clima de se conhecer, os dois a fim, um papo ótimo, os dois querendo saber o que o outro queria da vida, do futuro, ela morando fora e eu viajando sem morar em lugar nenhum.

Então ela disse que precisava ir embora, que no outro dia ia ter aula. E eu virei e disse: “Mas como assim? Faz dez minutos que estamos aqui, você não pode ir embora”. É claro que já fazia umas três horas que estávamos lá. Ela respondeu que estava indo, que tinha que ir mesmo, e me pediu pra levá-la até o táxi. E eu ainda pensando: “Como assim ela vai embora?”. Eu tava supercansado, mas quis muito ir pra lá pra vê-la. Só que ela ia de carro pra São Francisco no dia seguinte, eu entendia.

E aí veio outra cena de filme. Chegamos na frente do hotel da festa, o táxi chegou, eu puxei ela uma última vez e disse: “Sério mesmo que você vai embora? Estamos num momento tão bom, tô bem feliz, meus brothers lá dentro tão em outra vibe". E ela: "Tenho que ir. Você tem meu telefone, sabe onde eu moro, sabe como me encontrar". Daí entrou no táxi e foi embora. Nossa, fiquei louco, como assim ela foi embora? Que filha da mãe. Ah, tá bom, fazer o quê? Voltei, curti com os brothers, só que aquilo ficou na minha cabeça. Mas tinha que seguir em frente.

Voltei, curti com os brothers,

só que aquilo ficou na minha cabeça.

Mas tinha que
seguir em frente.

A surpresa

E eu segui em frente. Ficamos mais uns dois dias em Vegas, e daí voltei para Orlando com o Macaco, pois tinha descolado um trabalho na Disney, acompanhando dois grupos, um seria num domingo, e o outro no outro sábado, então eu tinha uma semana no meio pra ficar lá e aproveitar, curtir com meu brother, planejar as próximas viagens. Fiz o trampo no domingo, acordei na segunda, mas aquela mina ainda estava lá, na minha cabeça, me cutucando.

Então pensei: “Quer saber? Vou pegar um voo e vou atrás dela. Que se dane”.

Bom, mas eu só tinha o telefone dela e sabia que morava em San Diego, mas não sabia o nome da rua, que horas ela chegava da faculdade, o que fazia, não sabia nada da rotina dela. Será que ela tinha namorado? Azar, ia tentar, queria fazer uma surpresa, ela tava na minha cabeça e eu tinha que ver qual era, se rolasse, beleza. Eu tinha que viver aquilo.

A gente tinha se falado umas duas vezes pelo telefone já. Então mandei uma mensagem inventando um problema pra conseguir o endereço. Eu disse que tinha passado numa loja e comprado um presente que era a cara dela, e queria mandar. Perguntei se tinha uma caixa postal, pra não dar na cara, mas ela disse que era só mandar no endereço dela, e me passou. Disse que ia mandar por Fedex e que chegaria no dia tal. Desliguei e já fui comprar minha passagem.

Também perguntei o que ela fazia, e descobri que ia pra faculdade de manhã, e voltava pra casa por volta de uma e meia da tarde. Bom, meu voo era na quarta de manhã. Se tudo desse certo, eu chegaria ao meio-dia na casa dela, e esperaria uma hora. Aproveitei e disse pra ela que o presente ia chegar na terça. Assim teria uma desculpa de voltar a falar com ela antes de ir. Na terça perguntei se tinha chegado, ela disse que não, daí eu pedi que ela confirmasse o endereço. Vi que estava tudo certo e pensei que ia funcionar. Então parti.

Chegando lá, peguei um táxi no aeroporto e desci meio-dia na frente da casa dela. Era um prédio. Lembrei que não sabia qual era o carro dela, mas só tinha uma entrada, então eu iria vê-la. Daí mandei uma mensagem tipo: "Bom dia, tudo bom? Como foi a aula? Já saiu?". Ela respondeu que sim, e que sairia da aula em dez minutos. Respondi: "Que legal, vai poder dar uma dormida à tarde, hein?". E ela: "Que nada, hoje eu marquei salão de beleza". Nossa, imagina a minha cara! Perguntei: "Como assim?", e ela disse que iria fazer cabelo, pé e mão.

Pensei: "Agora F@#eu!!! Não tenho pra onde ir, tô com uma p@#a fome e ainda vou ter que esperar o dia inteiro", porque aquilo tinha cara de que ia demorar muito.

Ainda mandei um "Putz, então oito da noite vai ser pouco", e ela respondeu que realmente só chegaria umas sete da noite. "Nossa, me ferrei. O que eu vou fazer?" Lá era uma área super-residencial e, olhando em volta, não parecia ter nada pra eu comer. Então comecei a conversar

sar com ela como quem não quer nada. Respondi: "Nossa, que tarde", e mudei de assunto pra comida, falando que onde eu tava só tinha lugar longe pra comer e tal, e perguntei como era perto da casa dela. A resposta foi a melhor. Duas quadras pra cima tinha uma lanchonete animal. Ufa.

Saí andando e, antes da lanchonete, achei uma pizzaria bacana. Mandei uma pizza e fiquei feliz. Mas ainda faltava muito tempo pra ela chegar. Fiquei na internet, falei com todo mundo que tava on-line, não tinha mais o que fazer e ainda faltava muuuiitttooo tempo. Do outro lado da rua tinha uns canos grandes, eu não tive dúvida. Peguei a mochila, coloquei lá, deitei e dormi no cano. Na rua. Fiquei num dorme e acorda e, quando vi, tinha ficado ali umas quatro horas. Eram quase sete já. Acordei assustado. Será que ela já tinha chegado?

Passei o dia todo na rua
esperando ela chegar em casa...

Fiquei em dúvida de mandar mensagem porque não queria dar na cara e estragar a surpresa. Mas tive que escrever, então perguntei se ela ainda estava lá no dia de menina dela. E na lata ela perguntou como eu sabia que ela não estava em casa. Xiii, será que eu tinha estragado tudo? Respondi que não sabia, tinha apenas deduzido que ia demorar por tudo o que ela ia fazer. Ela respondeu que eu tava certo, que estava saindo e chegava em casa em dez minutos. Falei pra ela me avisar quando chegasse, que eu queria conversar direito, com calma.

Fui lá perto do prédio e fiquei atento. Vi um carro entrando e a pessoa dentro parecia com ela. "Opa, chegou. É agora." Já comecei a ficar tenso. "E se eu chegar e tiver um cara lá, ou uma mina, como vai ser?" Mas o primeiro problema foi que o carro entrou, a garagem fechou, e eu fiquei pra fora. "E agora, como eu entro?" Cheguei na entrada e tinha o porteiro eletrônico que você põe o número do apê. Poxa, pelo interfone vai estragar a surpresa. E eu nem tenho uma caixa de Fedex. Tá bom, tenho que dar um jeito.

Tinha um segurança na porta, cheguei na maior marra, fingindo que era morador, mexi ali no portão, o cara me chamou e disse: "Não, não, entre por aqui". Mó sorte. *Mas eu não titubeei, fui firme, fingi bem e, quando entrei, fui direto, sem mais dúvidas.* Quando cheguei no andar ouvi um barulho de porta. Gelei. Não sabia se era ela, daí rolou uma tensão. "O que eu vou falar? E agora?" Fiquei ensaiando na minha cabeça, não sabia o que falar pra não parecer besta demais.

É o Fedex

Me decidi, cheguei na porta e fiquei escutando pra ver se tinha mais alguém, então eu a ouvi no telefone. Toquei a campainha. Ela: "*Who is there?*". "*That's Fedex*", respondi. Ela pediu um minuto, deve ter ido pôr a roupa, sei lá, e abriu a porta. Nossa, essa hora foi tensa e incrível ao mesmo tempo. "O que cê tá fazendo aqui?" Estávamos conversando normal, mas na minha cabeça cada pergunta e resposta eram seguidas por um minuto de silêncio. "Fedex, sua encomenda chegou!" "Ai, você é louco, como assim?" Daí ficamos naquelas, sem saber bem o que falar, e ela me perguntou o que eu tinha ido fazer lá. "Ué, vim te ver."

Aí entrei e contei pra ela que era tudo papo, eu só queria pegar o endereço dela pra poder ir vê-la. E daí perguntei se ela estava sozinha, se ela tinha alguém e tal, e ela me respondeu que não, não tinha ninguém, que ela morava com uma colega chinesa. Ufa de novo. Até ali tudo bem. Ficamos batendo papo, se reconectando, e ela falou pra gente ver o pôr do sol na praia.

Passamos na casa de uma amiga dela pra pegar um skate emprestado e daí entramos em mais uma cena de filme: fomos para Pacific Beach, que tem um calçadão ao lado da praia. Aqueles de filme, com um muro baixo antes da praia, e uma galera caminhando, patinando, andando de skate, de bike, todo mundo curtindo o fim de tarde. Estávamos em uma galera conversando, tomando cerveja, batendo papo e o sol começou a se pôr, incrível, no mar. Falei pra andarmos de skate, daí a coloquei nele e fui empurrando, o sol baixando, a gente trocando uns beijinhos, que momento incrível. E pensei nessa hora: "Ferrou. Tô apaixonado. Vou me envolver sério aqui".

Ir atrás dela foi uma das coisas mais loucas que já fiz por uma mina...

Ficamos juntos aqueles dias e foi demais. Voltei pra fazer o trampo no sábado, daí fui ficar com ela mais um pouco. E continuei nessa, eu ia fazer algumas viagens e voltava pra lá. Fiquei viciado nela. Aquele lugar ficou com a cara e o cheiro dela pra mim, mesmo quando voltei depois, sem termos mais nada.

Depois de uma temporada de viagens curtas, chegou a hora de eu voltar pro lado da Europa, e parecia que a gente sentia que não ia se ver de novo. No dia que eu ia viajar, acordei cedo, na sala ela tinha uma canga na parede com assinaturas de amigos, e eu escrevi nela: "Se há uma razão pra eu voltar pra Califórnia, a razão é você", e botei um coração. *Era uma despedida, mas nenhum de nós estava aceitando aquilo.* Ela me levou ao aeroporto e ficamos juntos até o último momento, demos um último beijo, um até breve e pronto. Foi a última vez que nos vimos.

Nos falamos ainda pelo telefone, mas daí eu fui indo de um lugar pro outro, perdi meu celular algumas vezes e fui perdendo o contato com ela. Muito tempo depois, já no Brasil, soube dela porque um amigo meu estava namorando uma amiga dela, que disse que eu tinha sido um idiota e sumido. Pedi o telefone dela pelo amor de Deus e liguei. Ela estava p@ta comigo, expliquei tudo que eu tinha passado e tal, mas ela tinha conhecido alguém e estava quase casando. Fiquei mal em saber, mas minhas viagens tinham acabado levando àquilo. A vida aconteceu.

A vida aconteceu.

Se beber não case

Voltando de uma de minhas viagens, fui visitar meu brother em Washington, aquele com quem eu tinha morado. Fui pra lá porque tínhamos combinado de ir pra Las Vegas. Saímos de lá, passamos por Miami, curtimos um "esquenta" por lá no fim de semana e então partimos para Vegas. Fomos em cinco amigos. Fizemos reservas pela internet, um quarto simples. Estávamos exatamente naquela expectativa do filme *Se beber não case*, de fazer uma festa igual àquela. Até um tigre a gente queria.

Chegamos lá amarradões, daí fomos pro hotel, o Palms, e no balcão falamos da nossa reserva. O cara procurou e nada. Estava no nome de dois de nós, eram dois quartos. Falamos que tínhamos feito a reserva on-line havia quatro dias. O cara procurou umas cinco vezes e nada. Daí disse que não tinha o que fazer, que a reserva não devia ter sido feita. Pedimos pra falar com o gerente, o cara disse que ele não estava no momento, mas que ele tinha uma suíte média disponível, mas era mais cara. Sacamos o papel da reserva e dissemos que não, tínhamos uma reserva e que ele chamasse o gerente. Dessa vez o gerente veio, já com medo de confusão, e falamos um monte pra ele, daí o cara disse que nos daria um upgrade. Era no último andar. Já ficamos animados: "Será? Serão todos em um quarto só?". Na hora que abriu a porta do elevador só tinha uma porta no corredor. A gente se olhou já sorrindo. Na hora que abrimos era uma suíte monstro, toda envidraçada, vários ambientes, animal. Tinha absolutamente tudo lá dentro. Bom, é claro que fizemos umas festas totalmente à altura do *Se beber não case*, né? Um monte de gente, mó loucura, infelizmente a única coisa que não encontramos foi um tigre.

Se a gente já zoava normalmente, imagina em Vegas?

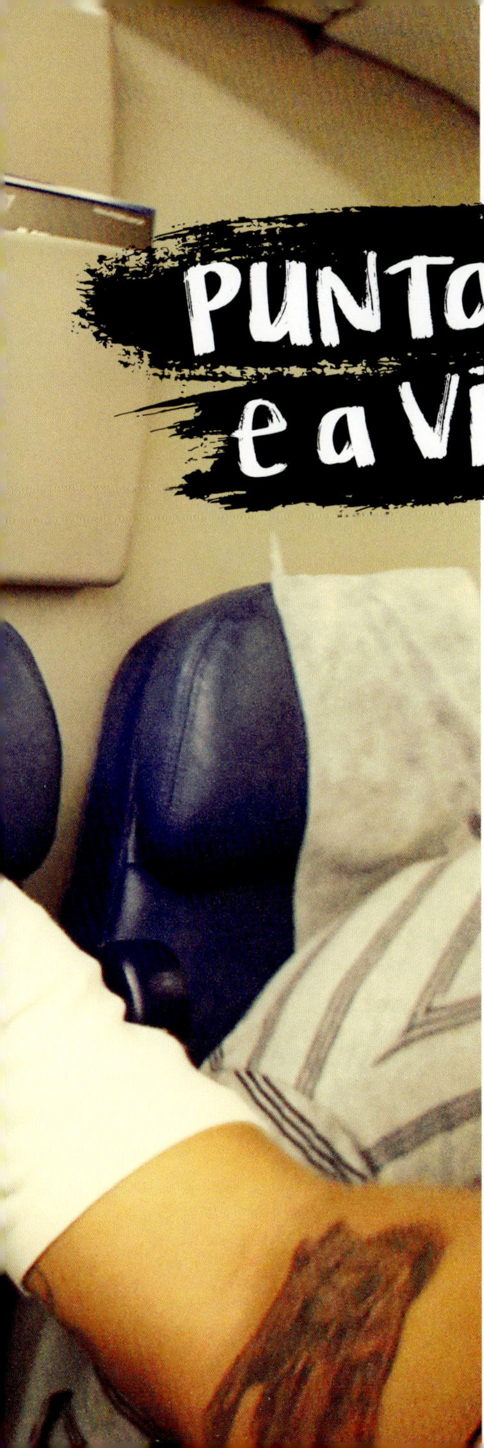

PUNTA DEL LESTE E A VIAGEM DAS FESTAS

Festa nas alturas

Um camarada me ligou e me disse que ia rolar uma festa em Punta del Leste, no Uruguai. "Vai ter um avião fretado, tudo pago, e ainda vai rolar uma festa no avião na ida", ele disse. Caramba, imagina uma festa num avião? Eu nunca tinha imaginado. Topei na hora. Fiz um esquema e consegui uma passagem pro Brasil, para ir na festa no avião.

Cheguei em Guarulhos já no esquema pra ir direto pegar esse outro voo. Claro que cheguei meio em cima da hora, fui pro check-in, que era especial, e não vi ninguém, não conhecia ninguém. Beleza. Despachei a

Nunca pensei que pudesse rolar uma festa daquelas dentro de um avião!

mala e entrei. Embarquei no avião e tava cheio, fui passando, olhando, no meio vi umas meninas conhecidas, cumprimentei, daí cheguei no fundo e tinha dois caras, mais um no banco da comissária falando com o microfone na mão. Olhei pra ele e perguntei: "Gildo?", ele virou e mandou um "P@ta que pariu, que cê tá fazendo aqui? Car@#ho, car@#ho, cê tá indo!". Falei que tava, ele ficou felizão, nos abraçamos. Nesse instante eu soube que ia ser mesmo animal. Ele era um brother que eu não via havia muito tempo. Bem brother mesmo.

Já começamos fazendo piadas pro avião inteiro pelo microfone, daí íamos falar com o comandante, uma festa. Todos em pé, aproveitando. Uma hora a galera se concentrou atrás e a comissária veio e disse que tínhamos que balancear, não podíamos ficar todos de um só lado do avião. "Se ficarem pra trás ele senta, pra frente ele imbica." Daí a gente gritava: "E se ficarmos todos no centro?". No meio da festa todo mundo já estava pra lá de bagdá, as comissárias loucas, e fomos perguntar pro comandante sobre ficar todo mundo de um lado do avião. Ele respondeu: "Irmão, aproveita a festa, o avião é potente o suficiente pra aguentar, vai lá zoar". Foi demais.

Foi um balada de verdade, com música, bebida, a luz baixa, laser, filme. Tinha uma galera se pegando, gente que passou mal, era incrível aquilo rolar em um avião. A gente zoou pacas, dançou, bebeu e curtiu muito. Dentro de um *fucking* avião! Foi uma das festas mais legais que já fui, e com certeza a mais diferente. Mas era só o começo, pois em Punta foram mais quatro dias de festa todos os dias.

O hotel em Punta era irado demais.
E a festa que fomos mais ainda...

O baile de gala

Ao contrário do avião, tínhamos uma festa de gala para ir. Todos levaram terno, gravata e roupas bacanas. Nos arrumamos e fomos todos para o quarto do Gildo, que ainda estava de cueca e no telefone. "Vai, moleque, se arruma." Aí é claro que já começamos a pensar que poderíamos zoar o cara, que tava enrolando. Ele se arrumou devagar e ficou uma graça, uma princesinha. Queria fazer um nó scotch duplo na gravata e a gente não aguentando mais. Era o terno isso, a gravata aquilo...

Fingi que tava sem paciência, saí, peguei o extintor de incêndio e fiquei do lado de fora do quarto. O outro camarada que sabia falou alto: "Vamos?", daí ouvi que iam sair e me preparei com o extintor de pó químico. Foi absurdo. Acionei e o extintor foi tão forte que lavou o corredor de branco. E o Gildo junto, o terno preto dele virou branco. Só tinha os olhinhos. Demos uma limpada no que deu e fomos pra festa. Que jeito?

Uma roleta diferente

Era uma festa no cassino e estávamos bem animados, íamos encontrar umas minas, estávamos lá pra aproveitar apenas aquela festa. Chegando lá, o outro brother que instigou com o extintor estava na roleta, e com uma gatinha que ele tinha arranjado. E a mina jogando com o bumbum empinado, e ele atrás dela. Eu olhei com calma e então percebi. Eles estavam transando ali. Na mesa de roleta com o jogo rolando. Eu fiquei olhando e vendo aquilo e não tava acreditando no que tava acontecendo. "Isso vai dar m@#da."

Daqui a pouco chegou o segurança e veio falar com eles, deu um aviso do tipo parem com isso, segura a onda e tal. E a gente ali perto só olhando e rindo. Ele viu que a gente estava vendo e tirando onda e fez de novo. O segurança veio e puxou ele, que se soltou, pegou a mina e saíram correndo, fugindo dos seguranças, gritando, o cassino todo parou. Ele nos contou depois que eles entraram em um corredor, tipo a cena do *Titanic*, correram e correram, se esconderam no canto e ainda deram uma rapidinha, mas os caras chegaram, pegaram eles e os expulsaram do hotel.

Depois da festa ainda ficamos alguns dias curtindo o hotel.

Memórias e fotos é o que não faltam nessas viagens.

Hotel de cinema e calmaria

Os dias eram mais calmos que as noites. Ficamos em um hotel de cinema, e todos os dias tinha festa na piscina, até a hora de um pôr do sol incrível. Aproveitávamos a piscina, a praia, batíamos papo, fazíamos coisas de brother mesmo. Foi bem incrível. Deu pra sossegar e aproveitar sem ninguém ser expulso de lá nenhum dia. Teve um show que a gente tocou, fizemos um som todos juntos. **Foi uma viagem de quatro dias que pareceu um mês, uma vibe irada.**

Viagens familiares

Aventura paterna em Vegas

Como eu sabia que ficaria muito tempo fora, também aproveitei para programar viagens com meus pais. Então, quando ia para o Japão, fiz planos para que depois disso eu fosse com o meu pai para os Estados Unidos, pois ele nunca tinha ido para lá e eu sabia que ele queria. Fomos em uma turma. Eu, Sandro, Marcão e o Darcy, todos que trabalham comigo.

O plano era ir para Los Angeles, alugar um carro e então ir para Vegas pela famosa Rota 66. E foi o que fizemos. Alugamos dois carros, pois era muita gente,

Com meu velho e amigos em Vegas. A viagem que eu sempre soube que ele queria fazer.

malas e tudo mais, e fomos. Estávamos muito empolgados, especialmente meu pai, que sempre tinha ouvido falar da Rota 66 e queria andar por ela, dar um rolê por lá. Então partimos, parando em postos para abastecer, tudo era novidade.

Meu pai, um apaixonado por carros, via aquelas carretas enormes, com quatro rodas atrás, três eixos, e ficava maluco, tudo era novo, e eu fazendo uma viagem irada daquelas com meu pai, indo pra Vegas de novo, e dessa vez ia estar mais quente do que da outra vez, que estava frio pacas.

Lembro que eu estava na pegada de chegar nos lugares e procurar um hostel ou algo assim. Como viajava quase sempre sozinho, era bem fácil achar lugar para uma pessoa. Mas estávamos em cinco, e eu vacilei de não ter ido atrás de algo com antecedência, uma reserva ou coisa do tipo. Passamos por vários hotéis e nenhum tinha vaga, tudo lotado. Em um deles o cara falou que tava tudo cheio, mas que ia tentar ligar pra outro hotel e nos ajudar. Achamos vaga no Flamingo e fomos para lá.

O problema é que, ao chegar, o lobby tava lotadaço. Todo mundo que procurava um lugar tinha descoberto o mesmo que a gente. Tava uma fila de no mínimo uma hora. Parecia a fila da montanha russa do Playcenter no meio das férias de verão. Pensamos: "Nossa, f@#eu", estávamos cansados pra caramba. Aí, do nada, o Marcão, um brother que trabalha com a gente e é do interior, já se ligou na cena, não falou nada e entrou mancando feio. Perguntei o que ele tava fazendo e a resposta foi: "Mano, vem comigo", e já foi para a fila, e eu segurando a risada.

O Marcão não fala bem inglês, então disse: "Vem comigo que vamos resolver essa fila agora". Respondi que ia dar ruim, mas ele insistiu pra eu ir com ele que ia funcionar. Olhei pro Sandro, meu empresário, e ele já estava rindo. Meu pai com cara de quem não tava entendendo p@#ra nenhuma. Pensei que aquilo não ia dar certo, mas fomos, a galera olhando, eu tentando não rir, a gente passando na frente de todo mundo.

Chegamos na recepção, a mulher chamou o próximo, a galera já meio abrindo pra gente, vendo o Marcão andando de um jeito bizarro, aliás, muito engraçado, não dava pra entender o que era aquilo. Continuei achando que não ia dar certo. Daí a mulher perguntou o que ele tinha, e eu respondi que ele não gostava de falar disso, que tinha sofrido um acidente. Eu inventei qualquer coisa, nem sabia o que dizer na hora. A mulher queria um documento, respondi que não tinha, que o cara já estava passando constrangimento em ter que passar na frente de todos, que queríamos um quarto e tal.

A mulher não tava botando muita fé e, pra dizer a verdade, nem eu. Olhava pro Marcão e ele só dizia "*yes, yes, yes*". E eu pensando: "Cala a boca, cara", pois estava tentando não rir. Acho que a mulher acabou comprando a cena. Eu também achei aquilo tudo muito louco, mas já estava ali, então também fui em frente. Fui falando e tal e, no fim, ela fez nossa reserva e ainda disse que ia nos dar algo extra, uma daquelas cadeiras de rodas elétricas, pra ele não ter que andar com dificuldade. Nos entreolhamos achando que ia dar m@#da.

No fim a gente andava em três naquela cadeira, apostávamos corrida no meio do corredor, era muito engraçado. Eu ria o tempo inteiro.

A gente batia, pulava um em cima do outro, vários ao mesmo tempo, era hilário. Até escada rolante a gente pegava

Em Vegas não tinha como...
Era zoeira o tempo todo.

com ela. E as pessoas em volta não entendiam nada, não sabiam quem tinha problema, o que tava rolando ali. No fim ela até parou de funcionar, acho que foi a bateria. Mas acabou dando tudo certo, foi engraçado demais.

E fora tudo isso, foi muito foda estar ali com meu pai, dividimos o quarto e foi um momento nosso incrível. Trocamos altas ideias, ele achava loucura eu viajar aquele tempo todo, mas quando ele viajou e viu qual era a vibe do lugar e de viajar com seus amigos pra lugares irados, ele entendeu porque eu gostava tanto daquilo e porque eu fazia aquelas viagens loucas. Eu queria mostrar aquilo para ele e deu certo, meu pai ficou mais tranquilo em relação ao que eu tava fazendo, passou a me entender mais, e eu também fiquei sossegado de saber disso. Acabamos até nos conhecendo melhor, e tenho certeza de que essa viagem nos aproximou ainda mais.

Um cruzeiro com minha mãe

E claro que eu também tinha combinado de viajar com a minha mãe em algum momento. Mas tinha que esperar pelas férias dela, que seriam mais para a frente, e por isso acertamos pra mais ou menos no meio do meu ano sabático. Eu já sabia o que queria fazer: levar minha mãe para Orlando, para conhecer a Disney. E claro que foi aquele choque cultural para ela, que também nunca tinha viajado para os Estados Unidos. Era tudo muito novo, a estrutura da cidade era muito diferente, a facilidade de locomoção e a qualidade de vida eram outras.

Nós ficamos na casa de uma amiga minha que mora lá faz tempo e, aliás, mora lá até hoje, e nos recebeu super-bem, mostrou tudo e acabou ficando muito

amiga da minha mãe, até mais do que minha. O tempo em Orlando foi uma ótima primeira parte para o que estava por vir: decidimos fazer um cruzeiro.

O cruzeiro iria para as Bahamas, Nassau, pelo Caribe em geral. Fomos só eu e minha mãe, então acabou sendo uma viagem que me deixou ainda mais próximo dela. Éramos só nós dois "presos" no navio. A minha relação com ela sempre foi de muita compreensão, às vezes nem era de mãe e filho, éramos muito amigos, brodagem mesmo. Divido com ela coisas que falo pros meus amigos, e às vezes até mais. Não tenho aquela trava de pais e filhos, o jogo é bem aberto entre mim e eles.

Começamos a tomar uma cerveja, e então acho que pela primeira vez eu perguntei coisas mais sérias sobre o que tinha rolado entre ela e meu pai. A gente nunca tinha conversado sobre isso direito. E foi aí que eu entendi um pouco de como era a relação deles, eu também não precisava saber tudo nos mínimos detalhes, mas queria saber por que eles tinham

Ir pra Orlando foi outra viagem muito legal, mas com certeza foi mais especial por poder estar com minha mãe.

se separado e o que tinha acontecido. E foi uma das conversas mais loucas, pois rolaram coisas que eu nem imaginava, situações que tinham acontecido e eu não tinha ideia. Isso fortaleceu ainda mais nosso laço.

Daí falei pra ela: "Pô, mãe, vamos tomar um porre juntos. Nunca bebemos assim". Minha mãe nunca gostou que eu bebesse e tal, mas lá ela estava tranquila, estávamos viajando, então ficamos tipo até de madrugada tomando cerveja na jacuzzi, estava um friozinho bom, e nós na água quente bebendo e conversando. Quando vi já tínhamos tomado baldes, já estávamos chamando o atendente de Alejandro, que ficou nosso amigo e até falou que a gente ia acabar passando mal. Estávamos tranquilos, minha mãe felizona como eu nunca tinha visto.

Daí lembro que a gente foi para a nossa cabine meio que um se apoiando no outro, mãe e filho, tínhamos bebido um pouco a mais. Ficamos discutindo quem estava pior, foi bem engraçado. Foi um negócio bacana ela se sentir à vontade para beber comigo e se soltar. Saber que com a educação que ela tinha me dado eu ia entender aquele momento de amizade entre nós.

Tivemos algo ali que muitos pais e filhos não têm. Amizade e amor, sem se preocupar com a imagem.

Depois que voltamos, passou um tempo e minha mãe falou que queria fazer um intercâmbio, que não queria ficar no Brasil e precisava de um tempo sozinha. Acho que uns seis meses depois eu achei um intercâmbio pra ela em Seattle, pois ela queria aprender inglês também. Paguei o curso e ela ficou meio ano morando fora. Voltou falando inglês e feliz pra caramba com a experiência. Ela ficou na casa de uma família de lá e viveu uma parada única.

Minha relação com meus pais sempre foi boa, mas com certeza ficou ainda melhor por causa da minha experiência com as viagens e principalmente pelas viagens que fiz com cada um deles. Nossos laços se estreitaram muito. Eu recomendo que os filhos deem um jeito de viajar com seus pais e conversar muito com eles. Vale a pena.

Minha relação com
meus pais
sempre foi boa,
mas com certeza
ficou ainda melhor

por causa da minha experiência com as viagens...

Nossos laços se estreitaram muito.

A viagem final

No coração do Brasil

Comecei as minhas viagens com aquela trip para Noronha, e, para encerrar, fiz outra viagem incrível no Brasil. Eu ia para a Amazônia. Um tempo antes do final das minhas viagens eu recebi um convite da Ambev para encerrar meu projeto lá, no coração do Brasil, porque todo meu ano tinha sido relatado nas minhas redes sociais, no Face, Twitter e Instagram, então eles ficaram sabendo, acharam legal e bolaram o plano de fazer minha trip final na Amazônia, pra fechar com chave de ouro.

A galera que viajou comigo para a Amazônia.
Foi uma viagem diferente de todas as outras.

Na Amazônia, a maior parte dos passeios tem que ser feita de barco.

Achei aquilo tão legal que topei sem fazer muitas perguntas. Eu nem queria saber muito como ia ser, queria apenas ir, os caras iam me proporcionar mais uma baita viagem e eu queria muito conhecer esse lugar tão falado do Brasil. Foi uma oportunidade que se encaixou como uma luva para mim.

Fomos em uma galera com o time da Ambev e eles me mostraram a maior fazenda de Guaraná deles, como a fruta era plantada, como era todo o processo de produção do refrigerante, a gaseificação, depois como o refri saía dali. Isso foi muito bacana, mas depois veio o de que mais gostei. Conheci gente que não tinha nenhum contato com o mundo fora dali. Muita gente que nem televisão tinha. Aquilo era incrível. A galera ribeirinha que vive praticamente de escambo.

Ainda tive a chance de sobrevoar a região. Foi muito louco!

Eles moram nas margens do rio e, quando vem uma embarcação, vêm duas meninas em uma canoa, uma remando e a outra tirando a água da canoa com um balde. Bati o olho e achei as duas muito novas, daí vi que uma já estava grávida.

Ficamos em um hotel que era um barco, outra coisa incrível da viagem. E tudo era muito diferente. Víamos botos nas águas, pássaros de tudo que é tipo, araras, tucanos. De um lado tinha rio, do outro também. Daí passávamos por rios mais estreitos e eu me sentia naquelas reportagens do Globo Repórter que eu sempre via, tipo expedição na Amazônia. Aquela margem curta e mata fechada pra todo lado.

Uma hora a gente desceu e foi fazer umas fotos da mata. Estava com uma superbrother minha, ela tinha acabado de descobrir que estava grávida e só eu estava sabendo. Dei a maior força, era o maior segredo e tal, e ela estava lá comigo, foi uma grande companheira de viagem naquele lugar incrível. Daí passaram uns caras fazendo wakeboard, conseguimos falar com eles e eu pude fazer wake também. *Uma hora eu caí e tinha um boto perto de mim. Nadei com ele, mas estava morrendo de medo, claro. Foi a maior vibe.*

É um contato muito próximo com a natureza. Muito diferente do que temos nas cidades grandes.

O mais legal da Amazônia foi conhecer os povos ribeirinhos, que quase não têm contato com a vida fora dali.

Então chegamos em uma área onde estava rolando um show cultural de folclore, uma p@#a apresentação, tinha mó galera lá enlouquecida com o show e foi irado. Ficamos ali aproveitando e assistindo àquela coisa tão diferente.

Foi uma das viagens mais diferentes que fiz, foi um negócio doido, pois estava no Brasil e, ao mesmo tempo, parecia outro mundo. Rios, florestas, animais e peixes, pessoas sem acesso a tecnologia, vivendo uma vida simples, sem pressa. Tudo aquilo faz a gente pensar muito na nossa vida. Foi mesmo para fechar com chave de ouro.

Pois é, essa teria sido a viagem final, mas, como logo que voltei da Amazônia já estava no final do ano, acabei combinando com dois grandes amigos, praticamente meus irmãos (um nasceu comigo, nós dividimos o berço, e o outro da escola, nós crescemos juntos e viramos melhores amigos), de ir passar o Ano-Novo em Fernando de Noronha, o lugar que acabou dando início a essa loucura toda de ano sabático de viagens.

De volta a Noronha

Passei o Natal com a minha família, como é de lei para mim. Acho que todo Natal deve ser passado em família, quanto mais gente melhor. Daí, dois dias depois, fomos para Noronha. Foi uma das melhores viagens que fiz.

Era demais. A gente acordava cedo, tomava um p@#a café da manhã, pegava praia, daí já vinha o almoço, de tarde rolava um surf, no final da tarde já dava pra ouvir o som rolando de uma festa na praia, saía da água com a prancha e ia direto pra festa. Dali só ia embora pra dormir. Um negócio bem rasta, totalmente pé na areia. *Foi o segundo encerramento perfeito para aquele ano incrível.*

É POR AQUI QUE VAI PRA LÁ

Lições e aprendizado

Foi um ano animal para mim. Eu sinto muita saudade daquele ano, pois passei ótimos momentos da minha vida, alguns dos mais incríveis, que me levaram a mudar e a fazer muitas das coisas bacanas que faço até hoje. *Eu comecei a me conhecer melhor e foi ali que, de verdade, eu descobri quem eu era. Entendi melhor minhas vontades e principalmente meus medos.* Aprendi a superar e a quebrar muitos deles. Aprendi muito em relação a respeitar o próximo, conviver com as pessoas, aceitar as diferenças. Vi e entendi que existem outras formas de se viver e que não existe jeito certo ou errado de se levar a vida.

E com tudo isso, eu aprendi que a palavra-chave pra tudo, a palavra elementar na minha opinião, é "respeito". Se partirmos sempre daí, as coisas vão funcionar, vai dar jogo.

Espero que, ao compartilhar essas minhas viagens e experiências — pelo menos uma parte delas, seria impossível colocar tudo aqui —, eu consiga mostrar o quanto o mundo lá fora é grande, como ele pode ser muito mais interessante do que o nosso dia a dia e como pode ser simples viajar e conhecê-lo. Espero que do mesmo jeito que essa experiência foi essencial para mim, pro meu crescimento, este livro seja uma semente para planos e mudanças para você. Planeje, saia, explore, pense, mude. Nem que seja pra cidade vizinha. O bairro vizinho. Nunca pare de buscar o diferente. A vida é incrível para quem se arrisca a viver.

Nunca pare de buscar o diferente.

A vida é incrível para quem se arrisca a viver

Agradecimentos

Em primeiro lugar, minha profunda e eterna gratidão a Deus, que me proporcionou as oportunidades para que eu pudesse levar a vida da maneira que eu quisesse.

Meus sinceros agradecimentos a vocês (sim, a vocês que, não importa a maneira — se foi pela internet, se foi através de um amigo ou se foi você mesmo que saiu da sua casa e foi até uma livraria buscar o livro), por me dar a chance de dividir um pouco das minhas experiências de viagem ao longo do ano de 2012. Espero de coração que essa escolha que fiz, de viajar sem rumo durante 365 dias, possa despertar em você a vontade de conhecer o mundo lá fora, que possa fazer você sonhar mais alto e querer descobrir o novo. Espero honestamente que te faça viver, sem medo do desconhecido.

Me lembro quando ia ao cinema assistir a filmes de ação (eu devia ter uns dez, doze anos), via todos aqueles efeitos especiais e aquilo me hipnotizava de uma tal forma que eu saía da sala dentro de um outro filme, que eu criava na minha cabeça, em uma cena quase real. Aquela sensação despertava em mim muitas coisas boas, despertou em mim muita criatividade e vontade de viver aqueles filmes. Se no final do livro você pensar na validade do seu passaporte ou em preço de passagens, talvez você esteja sentindo uma coisa parecida com o que eu sentia. Eu não podia ser um superagente do FBI ou um piloto profissional que tunava seus carros pra tirar racha nas ruas de Miami, mas você, com um planejamento básico, talvez consiga fazer a viagem dos seus sonhos!

Agradeço a minha família, por suportar a saudade que eu sentia na mesma intensidade em todas as minhas viagens, e que mesmo de longe sempre fizeram a diferença nas minhas atitudes, escolhas e caminhos a tomar. Agradeço a vocês pela boa educação e puro amor!

Agradeço a Editora Globo e a todos os envolvidos neste projeto, incluindo meu empresário, que antes de tudo, sem sequer terem visto minhas fotografias ou ouvido minhas histórias, abraçaram a ideia e fizeram do que era um sonho meu uma realidade palpável. Obrigado de verdade.

Agradeço a cada pessoa que participou dessa loucura ao longo de todos os lugares por que passei: quem me ajudou nas estadias, quem me deu ingressos para entrar em lugares que eu não imaginava que existissem, quem me emprestou dinheiro pra sempre (se me encontrar pode cobrar), quem dividiu um pedaço de lanche ou um gole d'água no momento de perrengue, quem me ensinou palavras em outros idiomas, quem me deu desconto na hora da conta, quem me alertou dos perigos dos picos pelos quais eu passava, quem me fez companhia nas horas de aeroporto, quem me deu carona, quem mesmo de longe só trocou um sorriso comigo, quem disse palavras honestas e simples sem querer nada em troca, quem me abraçou por ter vontade de abraçar, quem dividiu energia comigo, enfim, agradeço a todas essas pessoas, mesmo que, de repente, algumas nem saibam que estou agradecendo a elas por esses simples gestos.

E por último, mas não menos importante, um agradecimento muito especial às pessoas que me fizeram sorrir em todos os melhores momentos da minha vida!

Obrigado.

E continua...

É POR AQUI QUE VAI PRA LÁ

Texto fixado conforme as regras do novo Acordo Ortográfico da Língua Portuguesa (Decreto Legislativo nº 54, de 1995).

Editora responsável: Eugenia Ribas-Vieira

Editora assistente: Sarah Czapski Simoni

Projeto gráfico, diagramação e capa: Renata Zucchini

Revisão: Huendel Viana

1ª edição

Agosto de 2016

Impresso na gráfica Ipsis

CIP-BRASIL. CATALOGAÇÃO NA PUBLICAÇÃO
SINDICATO NACIONAL DOS EDITORES DE LIVROS, RJ

C35p

Castro, Caio, 1989-
É por aqui que vai pra lá : viagens por um ano sabático / Caio Castro. - 1. ed. - São Paulo : Globo Estilo, 2016.

144 p. : il. ; 19 cm.

ISBN 978-85-250-6226-0

1. Castro, Caio, 1989 -- Viagens. 2. Viagens - Obras ilustradas. I. Título.

16-35149

CDD: 770
CDU: 77-051

Direitos de edição em língua portuguesa para o Brasil adquiridos por Editora Globo S.A.

Av. Nove de Julho, 5229 – 01407-907 – São Paulo - SP

www.globolivros.com.br